Ħelu u Sabiħ 2023

Kitba ta' Riċetti ta' Insalati Kreattivi u Nutritivi

Sara Mifsud

Sommarju

Speċjali Insalata tat-Tiġieġ 9

Insalata tat-Tiġieġ Cleopatra 12

Insalata Tajlandiża-Vjetnamiża 15

insalata tal-Milied 18

Insalata tal-Patata Ħadra 21

Insalata tal-qamħirrum 24

Insalata tal-kaboċċi u tal-għeneb 26

Insalata taċ-ċitru 28

Insalata tal-frott u l-ħass 30

Insalata tat-tuffieħ u l-ħass 32

Insalata tal-fażola u tal-bżar 34

Insalata tal-karrotti u d-data 36

Dressing għall-insalata tal-bżar kremuż 38

insalata ħawajjan 40

Insalata tat-Tiġieġ tal-Curry 43

Insalata tal-ispinaċi u tal-frawli 45

Insalata tar-ristoranti 47

Insalata klassika tal-imqarrun 49

Insalata tal-lanġas Roquefort 51

Insalata tat-tonn Barbie 53

Insalata tat-Tiġieġ tal-Festa 55

Insalata tal-fażola Messikana 57

Insalata tal-Għaġin Bacon Ranch 60

Insalata tal-Patata Ħamra 62

Insalata tal-fażola sewda u kuskus 64
Insalata Griega tat-Tiġieġ 66
Insalata tat-Tiġieġ Fancy 68
Insalata tat-tiġieġ tal-curry tal-frott 70
Insalata tat-tiġieġ tal-curry mill-isbaħ 72
Insalata pikkanti tal-karrotti 74
insalata tat-tuffieħ Asjatiku 76
Insalata tal-qara u xgħir 78
Insalata bil-krexxuni-frott 80
insalata Caesar 82
Insalata tat-Tiġieġ u Mango 84
Insalata tal-larinġ bil-mozzarella 86
Tliet insalata tal-fażola 88
Tofu u insalata miso 90
Insalata tar-ravanell Ġappuniż 92
Insalata tal-Lbiċ 94
Insalata Caprese bl-għaġin 96
Insalata tat-Trota Affumikata 98
Insalata tal-bajd bil-fażola 100
Insalata Ambrosian 101
Insalata tal-feles 103
Insalata tal-bżar Spanjol 105
insalata tal-mimosa 107
Insalata Klassika Waldorf 109
Insalata tal-piżelli 111
Insalata tat-Tiġieġ Bil-Perżut 113
Insalata Delicious Rocket Bil-Gambli 116

Insalata tal-gambli 119

Insalata tal-bettieħ u l-perżut 123

Insalata tal-qamħ u l-fażola bajda 125

Insalata tal-gambli stil Tajlandiż 128

Insalata Delicious bi zalza tal-ananas pikkanti 132

Tiġieġ grilled u insalata rokit 136

Insalata tal-għaġin biz-zalza u ċ-ċavella 138

Arctic char bil-vinaigrette tat-tadam 141

Insalata Delicious Granċi 144

Insalata tat-Tiġieġ u tax-Xgħir 148

Ħalibut u Insalata tal-ħawħ 152

Insalata tal-pitravi u tal-ġobon 155

insalata ħadra Taljana 159

Insalata tal-brokkoli bil-cranberries 161

Insalata Marconi Delicious 164

Insalata tal-Patata u Bacon 167

Insalata tal-ħass u Roquefort 169

Insalata tat-tonn 173

Insalata tal-għaġin 175

Insalata tat-Tiġieġ bl-Għaġin tal-Ġulġlien 179

Insalata tradizzjonali tal-patata 181

Quinoa tabbouleh 184

insalata Morena 187

Insalata tal-frawli u feta 189

Insalata tal-Ħjar 192

Insalata ikkulurita 194

Insalata taċ-Ċiċri 196

Avokado pikkanti u insalata tal-ħjar 199

Insalata tal-ħabaq, feta u tadam 201

Insalata tal-ispinaċi u tal-għaġin 203

Ħabaq u Tadam Imnixxef Xgħir 205

Insalata krema tat-tiġieġ 207

Gram Aħdar iġjeniċi 209

Insalata tal-avokado u tar-rugula miksija bil-feta 211

Insalata taċ-ċiċri ħadra mnibbta 213

Insalata taċ-Ċiċri 216

Insalata tal-bejken u l-piżelli bir-ranch dressing 218

Insalata tal-ispraġ tqarmeċ 221

Speċjali Insalata tat-Tiġieġ

ingredjenti

1 ½ piż tal-ġisem tat-tjur imqatta 'rqiq ikel varji, cutlets

2 tbsp. żejt veġetali

Skeda tal-grill, rakkomandata: McCormick's BBQ Grill Mates Montreal Meal Seasoning jew Raw Soda u Bżar

3 mgħaref tondi. butir tal-karawett kbir

3 tbsp. ħwawar tas-sojja iswed

1/4 tazza ta 'kwalunkwe meraq tal-frott

2 tsp. ħwawar jaħarqu

1 lumi

1/4 tazza ħjar mingħajr żerriegħa, maqtugħ fi bsaten

1 tazza karrotti mqattgħin

2 tazzi weraq tal-ħass imqatta

4 pasti qxur, keisers jew kelliema, maqsuma

Metodu

Saħħan taġen tal-barbecue jew pakkett kbir li ma jwaħħalx. Għatti t-tjur biż-żejt u skeda l-barbecue grill u sajjar 3 minuti kull naħa f'2 lottijiet.

Poġġi l-butir tal-karawett f'dixx bla periklu għall-microwave u irattab fil-microwave fuq qawwa sħiħa għal madwar 20 sekonda. Ħallat is-sojja, il-meraq tal-frott, il-ħwawar jaħarqu u l-meraq tal-lumi fil-butir tal-karawett. Itfa t-tjur bil-ħwawar satay. Ħallat il-ħaxix maqtugħ frisk. Poġġi 1/4 tal-ħaxix frisk fuq il-ħobż tas-sandwich u fuqu b'1/4 tat-Taħlita tat-Tjur Satay. Issettja l-uċuħ tas-sandwiches u offri jew wrap għall-ivvjaġġar.

Igawdu!

Insalata tat-Tiġieġ Cleopatra

ingredjenti

1 ½ sider tat-tiġieġ

2 tbsp. żejt taż-żebbuġa extra verġni

1/4 tsp. qxur imfarrak ħomor boost

4 sinniet tat-tewm imfarrak

1/2 tazza inbid abjad niexef

1/2 oranġjo, mbuttat

Ftit tursin tal-weraq ċatt imqatta'

Sodju oħxon u bżar iswed

Metodu

Saħħan pakkett kbir li ma jwaħħalx fuq il-fuklar. Żid iż-żejt taż-żebbuġa extra verġni u saħħan. Żid l-ispinta mgħaffeġ, il-qronfol tat-tewm imfarrak u s-sider tat-tiġieġ. Qalji s-sider tat-tiġieġ sakemm ikun kannella min-naħat kollha, madwar 5 sa 6 minuti. Ħalli l-likwidu u l-offerti issajjar, madwar 3 sa 4 minuti itwal, imbagħad neħħi t-taġen minn fuq in-nar. Agħfas il-meraq tal-ġir li għadu kif ġie mbuttat fuq it-tjur u servi ma' biċċa tursin u melħ għat-togħma. Servi immedjatament.

Igawdu!

Insalata Tajlandiża-Vjetnamiża

ingredjenti

3 Ħass Latin, imqatta '

2 tazzi ta 'nebbieta tal-ħaxix frisk, kwalunkwe varjetà

1 tazza daikon jew ravanell aħmar imqatta' għall-perfezzjoni

2 tazzi piżelli

8 shalots, imqatta 'fuq il-preġudizzju

½ ħjar mingħajr żerriegħa, imnaqqas bin-nofs tul

1 pinta tadam tad-dielja isfar jew aħmar

1 basla ħamra, imqatta 'kwarti u mqatta' perfettament

Għażla 1 ta 'riżultati eċċellenti friski fi, mirqum

1 għażla ta 'ħabaq frisk, mirqum

Ippakkja oġġetti ta '2.2 uqija bil-ġewż imqatta', li jistgħu jinstabu fuq il-korsija tat-tisjir

8 biċċiet toast tal-lewż jew tal-aniżetta, imqatta 'f'biċċiet ta' 1 pulzier

1/4 tazza tamari sewda tas-sojja

2 tbsp. żejt veġetali

4 sa 8 cutlets tat-tjur imqatta 'rqiqa, skond id-daqs

Melħ u bżar iswed ċatt frisk

1 lb. mahi mahi

1 ġir misjur

Metodu

Għaqqad l-ingredjenti kollha fi skutella kbira u servi imkessaħ.

Igawdu!

insalata tal-Milied

ingredjenti

Sprej li ma jwaħħalx għall-preparazzjoni tal-ikel

2 tbsp. ġulepp tal-ġewż

2 tbsp. zokkor kannella

2 tbsp. sidru tat-tuffieħ

1 lb ikla peržut, ippreparat għal kollox, dadi kbar

1/2 lb qamħ għal kull bow tie, imsajjar

3 tbsp. gherkins imqatta' delizzjużi

Ħass Bibb

½ tazza basla ħamra mqatta'

1 tazza ta' Gouda żgħir imqatta'

3 tbsp. weraq tat-tursin frisk imqatta'

Vinaigrette, isegwi l-formula

Fażola Immarinata Organika:

1 lb. piżelli, skala off, maqtugħa f'terzi

1 kuċċarina. tewm imqatta'

1 kuċċarina. qxur ħomor boost

2 tsp. żejt taż-żebbuġa extra verġni

1 kuċċarina. Ħall abjad

Niskata melħ

bżar iswed

Metodu

Saħħan il-fuklar għal 350 grad F. Applika sprej tat-tisjir li ma jwaħħalx fuq folja tal-ħami. F'dixx ta' daqs medju, ħallat ilġulepp tal-ġewż, il-glukożju kannella, u s-sidru tat-tuffieħ. Żid il-peržut u ħawwad sew. Poġġi t-taħlita tal-peržut fuq il-folja tal-ħami u sajjar sakemm jissaħħan u l-peržut jiżviluppa l-kulur, madwar 20 sa 25 minuta. Neħħi mill-forn u warrab.

Żid il-qamħ, il-gherkins u t-tursin mad-dixx mal-vinaigrette u ħawwad sakemm jitgħatta. Iksi platt kbir tal-offerta bil-ħass Bibb u żid il-grits. Irranġa l-basla ħamra, il-Gouda, il-piżelli mnaddfin, u l-peržut lest f'ringieli fuq il-qamħ. Iservu.

Igawdu!

Insalata tal-Patata Ħadra

ingredjenti

7 sa 8 shalots, imnaddfa, imnixxfa u maqtugħa f'biċċiet, partijiet ħodor u bojod

Għażla żgħira 1 ta' ċassa, imqatta'

1 kuċċarina. Melħ kosher

Bżar abjad mitħun frisk

2 tbsp. kaskata

8 tbsp. żejt taż-żebbuġa extra verġni

2 bliss tal-karfus aħmar skont il-piż tal-ġisem, maħsul

3 weraq tar-rand

6 tbsp. ħall iswed

2 shalots, imqaxxra, imqatta' kwarti mit-tul, imqatta' rqiqa

2 tbsp. mustarda ta' Dijon bla xkiel

1 tablespoon. kappar imqatta'

1 kuċċarina. likwidu tal-kappar

1 mazz tarragon, ikkapuljat

Metodu

Fi blender, ħallat is-shallots u ċ-ċavella flimkien. Aġġusta l-melħ għat-togħma. Żid l-ilma u ħallat. Ferra 5 tbsp. taż-żejt extra verġni taż-żebbuġa minn fuq il-mixer bil-mod u ħallat sakemm tkun lixxa. Ħalli l-karfus jagħli ġo borma ilma, baxxi n-nar u ħallih ittektek. Ħawwru l-ilma bi ftit melħ u żid il-weraq tar-rand. Ttektek il-karfus sakemm ikun sarr meta mtaqqab bil-ponta ta' xafra, madwar 20 minuta.

F'dixx kbir biżżejjed biex iżżomm il-karfus, ħawwad flimkien il-ħall iswed, l-iscalots, il-mustarda, il-kappar u l-estragun. Żid il-bqija taż-żejt extra verġni taż-żebbuġa. Ixxotta l-karfus u neħħi l-weraq tar-rand.

Irranġa l-karfus fuq il-platt u aqtagħlu bir-reqqa bil-ponot ta' furketta. Staġun bir-reqqa bil-boost u s-sodju u ħawwadhom sew. Ittemm billi żżid it-taħlita ta' shalots u żejt extra verġni taż-żebbuġa. Ħallat sew. Żomm sħun f'70 grad sakemm tkun lesta biex isservi.

Igawdu!

Insalata tal-qamħirrum

ingredjenti

3 ċifċiegħ qamħ ħelu

1/2 tazza basal imqatta'

1/2 tazza bżar imqatta'

1/2 tazza tadam imqatta'

Melħ, għat-togħma

Għall-insalata

2 tbsp. Żejt taż-żebbuġa

2 tbsp. Meraq tal-lumi

2 tsp. Trab taċ-chili

Metodu

Iċ-ċifċiegħ tal-qamħirrum għandhom ikunu inkaljati fuq sħana medja sakemm jinħarġu ftit. Wara li jinkaljawhom, il-qlub taċ-ċifċ jitneħħew bl-għajnuna ta 'sikkina. Issa ħu skutella u ħallat il-ħbub, il-basal imqatta', il-bżar u t-tadam mal-melħ u mbagħad warrbu l-iskutella. Issa ipprepara l-insalata billi tħallat iż-żejt taż-żebbuġa, il-meraq tal-lumi u t-trab tal-bżar u mbagħad ħallih jiksaħ. Qabel ma sservi, ferra l-dressing fuq l-insalata u servi.

Igawdu!

Insalata tal-kaboċċi u tal-għeneb

ingredjenti

2 kaboċċi, imqatta

2 tazzi għeneb aħdar imqatta' bin-nofs

1/2 tazza kosbor imqatta' fin

2 chiles ħodor, ikkapuljat

Żejt taż-żebbuġa

2 tbsp. Meraq tal-lumi

2 tsp. Zokkor trab

Melħ u bżar għat-togħma

Metodu

Biex tipprepara l-insalata ħu ż-żejt taż-żebbuġa, il-meraq tal-lumi biz-zokkor, il-melħ u l-bżar fi skutella u ħallathom sew u mbagħad poġġi fil-friġġ. Issa ħu l-kumplament tal-ingredjenti fi skutella oħra, ħallat sew u żommu fil-ġenb. Qabel ma sservi l-insalata, żid il-kisja tal-insalata mkessħa u ħawwad bil-mod.

Igawdu!

Insalata taċ-ċitru

ingredjenti

1 tazza għaġin tal-qamħ sħiħ, imsajjar

1/2 tazza bżar imqatta'

1/2 tazza karrotti, imbajda u mqattgħin

1 basla ħadra, imqatta '

1/2 tazza larinġ, maqtugħa f'kunjardi

1/2 tazza kunjardi tal-ġir ħelu

1 tazza ta 'bean sprouts

1 tazza baqta b'xaħam baxx

2-3 tbsp. tal-weraq mint

1 kuċċarina. Trab tal-mustarda

2 tbsp. Zokkor trab

Melħ, għat-togħma

Metodu

Biex tipprepara l-ilbies, żid il-baqta, weraq mint, trab tal-mustarda, zokkor u melħ fi skutella u ħawwad sew sakemm iz-zokkor jinħall. Ħallat il-bqija tal-ingredjenti fi skutella oħra u mbagħad warrbu biex jistrieħu. Qabel ma sservi, żid il-dressing mal-insalata u servi kiesaħ.

Igawdu!

Insalata tal-frott u l-ħass

ingredjenti

2-3 weraq tal-ħass, imqatta'

1 papaya, imqatta'

½ tazza għeneb

2 Larinġ

½ tazza frawli

1 dulliegħa

2 tbsp. Meraq tal-lumi

1 tablespoon. Għasel

1 kuċċarina. Chili flakes

Metodu

Ħu l-meraq tal-lumi, l-għasel u l-qxur tal-bżar aħmar fi skutella u ħawwadhom sew u mbagħad żommu fil-ġenb. Issa ħu l-bqija tal-ingredjenti fi skutella oħra u ħawwad sew. Qabel ma sservi, żid il-dressing mal-insalata u servi immedjatament.

Igawdu!

Insalata tat-tuffieħ u l-ħass

ingredjenti

1/2 tazza puree tal-bettieħ

1 kuċċarina. Żerriegħa tal-kemmun, mixwija

1 kuċċarina. Kosbor

Melħ u bżar għat-togħma

2-3 Ħass, maqtugħ f'biċċiet

1 kaboċċa, imqatta

1 zunnarija, maħkuka

1 bżar qampiena maqtugħ f'kubi

2 tbsp. Meraq tal-lumi

½ tazza għeneb, imqatta

2 tuffieħ, imqatta'

2 basal aħdar, imqatta'

Metodu

Ħu l-kaboċċi, il-ħass, il-karrotti maħkuk u l-bżar ġo borma u għattihom b'ilma kiesaħ u ħallihom jagħli u sajjarhom sakemm ikunu msajra u crispy, dan jista' jieħu sa 30 minuta. F'dan il-punt, ixxottahom u orbothom f'ċarruta u poġġihom fil-friġġ. Issa t-tuffieħ għandu jittieħed bil-meraq tal-lumi fi skutella u jinħażen fil-friġġ. Issa ħu l-bqija tal-ingredjenti fi skutella u ħallathom sew. Servi l-insalata immedjatament.

Igawdu!

Insalata tal-fażola u tal-bżar

ingredjenti

1 tazza fażola pinto, mgħollija

1 tazza ċiċri, mxarrba u mgħollija

Żejt taż-żebbuġa

2 basal, imqatta

1 kuċċarina. Kosbor, imqatta'

1 bżar qampiena

2 tbsp. Meraq tal-lumi

1 kuċċarina. Trab taċ-chili

melħ

Metodu

Skedd il-bżar bil-furketta u mbagħad ixgħel biż-żejt u mbagħad ixwih fuq nar baxx. F'dan il-punt il-bżar jiġi mgħaddas f'ilma kiesaħ u mbagħad titneħħa l-ġilda maħruqa u mbagħad tinqata' fi flieli. Żid il-bqija tal-ingredjenti mal-bżar u mbagħad ħawwad sew. Qabel ma sservi, ħalliha tiksaħ għal siegħa jew aktar.

Igawdu!!

Insalata tal-karrotti u d-data

ingredjenti

1 1/2 tazza zunnarija, maħkuka

1 ras tal-ħass

2 tbsp. ta' lewż mixwi u mqatta'

Dressing għall-għasel u lumi

Metodu

Ħu l-karrotti maħkuk ġo borma ilma kiesaħ u żommhom għal madwar 10 minuti, imbagħad ixxottahom. Issa l-istess irid jiġi ripetut bir-ras tal-ħass. Issa ħu l-karrotti u l-ħass bl-ingredjenti l-oħra fi skutella u poġġih fil-friġġ qabel ma sservi. Servi l-insalata roxxha mal-lewż mixwi u mqatta'.

Igawdu!!

Dressing għall-insalata tal-bżar kremuż

ingredjenti

2 tazzi mayonnaise

1/2 tazza ħalib

kaskata

2 tbsp. Ħall tat-tuffieħ

2 tbsp. Meraq tal-lumi

2 tbsp. Ġobon Parmesan

melħ

Daxx ta 'chili sauce

Daxx ta' zalza Worcestershire

Metodu

Ħu skutella kbira, iġbor l-ingredjenti kollha ġewwa u ħawwadhom sew, biex ma jkunx hemm ċapep. Meta t-taħlita tkun kisbet il-konsistenza tal-krema mixtieqa, ferragħha fl-insalata tal-frott u l-ħaxix frisk tiegħek u mbagħad l-insalata bl-insalata tkun lesta biex tiġi notifikata. Dan il-lish tal-bżar kremuż u tangy mhux biss jiġi servut b'mod sabiħ ma 'insalati, iżda jista' jiġi servut ukoll ma 'tiġieġ, burgers, u sandwiches.

Igawdu!

insalata ħawajjan

ingredjenti

Għall-ilbies tal-larinġ

Mgħarfa. tal-qamħirrum

Madwar tazza oranġjo qara ħamra

1/2 tazza meraq tal-larinġ

Trab tal-kannella

għall-insalata

5-6 weraq tal-ħass

1 Ananas, maqtugħ f'kubi

2 banana, maqtugħa f'biċċiet

1 Ħjar, maqtugħ f'kubi

2 tadam

2 larinġ, maqtugħin f'kunjardi

4 dati suwed

Melħ, għat-togħma

Metodu

Biex tagħmel l-insalata, ħu skutella u ħawwad il-lamtu tal-qamħirrun fil-meraq tal-larinġ, imbagħad żid l-isquash tal-larinġ fl-iskutella u sajjar sakemm il-konsistenza tal-dressing teħxen. Imbagħad żid il-kannella mitħun u t-trab taċ-chilli fl-iskutella u kessaħ fil-friġġ għal ftit sigħat. Imbagħad ipprepara l-insalata, ħu l-weraq tal-ħass fi skutella u għattiha bl-ilma għal madwar 15-il minuta. Issa t-tadam imqatta' jitqiegħed fi skutella bil-biċċiet tal-ananas, it-tuffieħ, il-banana, il-ħjar u l-kunjardi tal-larinġ ġewwa fih bil-melħ għat-togħma u ħawwad sew. Issa żidha mal-weraq tal-ħass u mbagħad ferra l-dressing imkessaħ fuq l-insalata, qabel ma sservi.

Igawdu!!

Insalata tat-Tiġieġ tal-Curry

ingredjenti

2 sidra tat-tiġieġ bla għadam, bla ġilda, imsajra u mnaqqsa bin-nofs

3 - 4 zkuk tal-karfus, imqatta'

1/2 tazza mayonnaise, xaħam baxx

2-3 tsp. tat-trab tal-curry

Metodu

Ħu s-sider tat-tiġieġ bla għadam u bla ġilda imsajjar mal-bqija tal-ingredjenti, karfus, mayonnaise baxx ta' xaħam, trab tal-curry fi skutella ta' daqs medju u ħawwadhom sew. Allura din ir-riċetta delizzjuża u faċli hija lesta biex tiġi servuta. Din l-insalata tista' tintuża bħala mili sandwich bil-ħass fuq il-ħobż.

Igawdu!!

Insalata tal-ispinaċi u tal-frawli

ingredjenti

2 tsp. Żerriegħa tal-ġulġlien

2 tsp. Żerriegħa tal-peprin

2 tsp. zokkor abjad

Żejt taż-żebbuġa

2 tsp. Paprika

2 tsp. Ħall abjad

2 tsp. Zalza Worcestershire

Basla mqatta

Spinaċi, maħsula u maqtugħa f'biċċiet

Kwart ta 'frawli, maqtugħ f'biċċiet

Inqas minn tazza lewż, fidda u bajda

Metodu

Ikseb skutella ta' daqs medju; ħallat iż-żerriegħa tal-peprin, iż-żerriegħa tal-ġulġlien, iz-zokkor, iż-żejt taż-żebbuġa, il-ħall u l-paprika flimkien maż-zalza Worcestershire u l-basla. Ħallathom sew u għattihom u mbagħad ffriżahom għal mill-inqas siegħa. Ħu skutella oħra u ħallat l-ispinaċi, il-frawli u l-lewż flimkien, imbagħad ferra t-taħlita tal-ħxejjex fuqha u mbagħad poġġi l-insalata fil-friġġ qabel ma sservi għal mill-inqas 15-il minuta.

Igawdu!

Insalata tar-ristoranti

ingredjenti

Borża waħda ta' 16-il uqija ta' taħlita ta' koleslaw

1 basla, imqatta'

Inqas minn kikkra dressing għall-insalata tal-krema

Żejt veġetali

1/2 tazza zokkor abjad

melħ

Żerriegħa tal-peprin

Ħall abjad

Metodu

Ikseb skutella kbira; ħawwad it-taħlita tal-kolslaw u l-basal flimkien. Issa ħu skutella oħra u ħallat flimkien l-insalata, iż-żejt veġetali, il-ħall, iz-zokkor, il-melħ u ż-żerriegħa tal-peprin. Wara li tħallathom sew, għaqqad it-taħlita mat-taħlita tal-kolslaw u għatti sew. Qabel ma sservi l-insalata Delicious, poġġiha fil-friġġ għal mill-inqas siegħa jew tnejn.

Igawdu!

Insalata klassika tal-imqarrun

ingredjenti

4 tazzi imqarrun tal-minkeb, mhux imsajjar

1 tazza mayonnaise

Inqas minn tazza ħall abjad distillat

1 tazza zokkor abjad

1 kuċċarina. Mustarda

melħ

Bżar iswed, mitħun

Basla waħda kbira, imqatta' fin

Madwar tazza karrotti, maħkuk

2-3 zkuk tal-karfus

2 bżar pimento, imqatta

Metodu

Ħu kazzola kbira u poġġi fiha ilma mielaħ u ħallih jagħli, żid l-imqarrun u ħallihom insajru u ħallihom jiksħu għal madwar 10 minuti u mbagħad ixxottahom. Issa ħu skutella kbira u żid il-ħall, mayonnaise, zokkor, ħall, mustarda, melħ u bżar u ħawwad sew. Meta mħallat sew żid il-karfus, il-bżar aħdar, il-bżar allspice, il-karrotti u l-imqarrun u erġa ħawwad sew. Wara li tħallat sew l-ingredjenti kollha, ħalliha fil-friġġ għal mill-inqas 4-5 sigħat qabel ma sservi l-insalata Delicious.

Igawdu!

Insalata tal-lanġas Roquefort

ingredjenti

Ħass, maqtugħ f'biċċiet

Madwar 3-4 lanġas, imqaxxra u mqatta '

Botta tal-ġobon Roquefort, maħkuk jew imfarrka

Basal aħdar, imqatta'

Madwar tazza zokkor abjad

1/2 bott tal-pacans

Żejt taż-żebbuġa

2 tsp. ħall tal-inbid aħmar

Mustarda, għat-togħma

Sinna tewm

Melħ u bżar iswed, għat-togħma

Metodu

Ħu taġen u saħħan iż-żejt fuq nar medju, imbagħad ħallat iz-zokkor mal-pacans u kompli ħawwad sakemm iz-zokkor jinħall u l-pacans ikunu karamelizzati, imbagħad ħallihom jiksħu. Issa ħu skutella oħra u żid iż-żejt, il-ħall, iz-zokkor, il-mustarda, it-tewm, il-melħ u l-bżar iswed u ħallat sew. Issa ħallat il-ħass, il-lanġas u l-ġobon blu, l-avokado u l-basal aħdar fi skutella, imbagħad żid it-taħlita tal-dressing u mbagħad roxx fuq il-pacans karamelizzat u servi.

Igawdu!!

Insalata tat-tonn Barbie

ingredjenti

Botta tat-tonn tal-alonga

½ tazza mayonnaise

Mgħarfa. tal-ġobon Parmesan

Pickle ħelu, għat-togħma

Qxur tal-basal, għat-togħma

Trab tal-kari, għat-togħma

Tursin imnixxef, għat-togħma

Ħaxix tax-xibt, imnixxef, għat-togħma

Trab tat-tewm, għat-togħma

Metodu

Ħu skutella u żid l-ingredjenti kollha u ħawwad sew. Qabel ma sservi, ħallihom jiksħu għal siegħa.

Igawdu!!

Insalata tat-Tiġieġ tal-Festa

ingredjenti

1 lb tiġieġ, imsajjar

Tazza mayonnaise

Kuċċarina. tal-paprika

Madwar żewġ tazzi ta 'cranberries imnixxef

2 basal aħdar, imqatta 'b'mod fin

2 bżar aħdar, imqatta '

Tazza pacans, imqatta

Melħ u bżar iswed, għat-togħma

Metodu

Ħu skutella ta' daqs medju, ħallat il-mayonnaise, il-paprika u mbagħad ħawwadhom skont it-togħma u aġġusta l-melħ jekk meħtieġ. Issa ħu l-cranberries, il-karfus, il-bżar, il-basal u l-ġewż u ħallathom sew. F'dan il-punt it-tiġieġ imsajjar jiżdied u mbagħad jerġa' jitħallat sew. Ħawwruhom skont it-togħma u mbagħad jekk meħtieġ żid il-bżar iswed mitħun. Qabel ma sservi, ħalliha tiksaħ għal mill-inqas siegħa.

Igawdu!!

Insalata tal-fażola Messikana

ingredjenti

Botta tal-fażola sewda

Botta tal-fażola ħamra

Botta tal-fażola cannellini

2 bżar aħdar, imqatta '

2 bżar aħmar

Pakkett ta' qlub tal-qamħirrum iffriżat

1 basla ħamra, imqatta' fin

Żejt taż-żebbuġa

1 tablespoon. ħall tal-inbid aħmar

½ tazza meraq tal-lumi

melħ

1 tewm, imfarrak

1 tablespoon. kosbor

1 kuċċarina. Kemmun, mitħun

bżar iswed

1 kuċċarina. Zalza pikkanti

1 kuċċarina. Trab taċ-chili

Metodu

Ħu skutella u ħallat flimkien il-fażola, il-bżar, il-qamħirrum iffriżat u l-basal aħmar. Issa ħu skutella żgħira oħra, ħallat iż-żejt, il-ħall tal-inbid aħmar, il-meraq tal-lumi, il-kosbor, il-kemmun, il-bżar iswed u mbagħad ħawwad skont it-togħma u żid zalza sħuna bil-bżar fit-trab. Ferra l-dressing u ħawwad sew. Qabel ma sservi, ħallihom jiksħu għal madwar siegħa jew tnejn.

Igawdu!!

Insalata tal-Għaġin Bacon Ranch

ingredjenti

Vażett rotini tricolor mhux imsajjar

9-10 flieli bacon

Tazza mayonnaise

Taħlita ta' dressing għall-insalata

1 kuċċarina. Trab tat-tewm

1 kuċċarina. tewm tal-bżar

1/2 tazza ħalib

1 tadam, imqatta

Botta taż-żebbuġ iswed

Tazza ġobon cheddar, imqatta'

Metodu

Ħu ftit ilma mielaħ ġo borma u ħallih jagħli. Sajjar l-għaġin sakemm jirtab madwar 8 minuti. F'dan il-punt, ħu taġen u saħħan iż-żejt ġo taġen u sajjar il-bacon u meta jkun imsajjar, ixxottah u mbagħad aqta'. Ħu skutella oħra u żid l-ingredjenti l-oħra u mbagħad żidha mal-għaġin u l-bacon. Servi mħallta sew.

Igawdu!!

Insalata tal-Patata Ħamra

ingredjenti

4 patata ħamra ġdida, imnaddfa u maħsula

2 bajd

Kilo bacon

Basla, imqatta' fin

Zokk tal-karfus, imqatta

Madwar 2 tazzi mayonnaise

Melħ u bżar għat-togħma

Metodu

Poġġi ftit ilma mielaħ ġo kazzola u ħallih jagħli, imbagħad żid il-patata l-ġdida u sajjarha għal madwar 15-il minuta, sakemm tkun tenera. Imbagħad ixxotta l-patata u ħalliha tiksaħ. Issa ħu l-bajd f'taġen u għattih b'ilma kiesaħ u mbagħad ħalli l-ilma jagħli u mbagħad neħħi t-taġen minn fuq in-nar u mbagħad żommu fil-ġenb. F'dan il-punt, sajjar il-bacon, ixxottaha u warrabha. F'dan il-punt żid l-ingredjenti mal-patata u l-bacon u ħawwad sew. Kessaħ u servi.

Igawdu!!

Insalata tal-fażola sewda u kuskus

ingredjenti

Tazza kuskus, nej

Madwar żewġ tazzi brodu tat-tiġieġ

Żejt taż-żebbuġa

2-3 tbsp. Meraq tal-ġir

2-3 tbsp. ħall tal-inbid aħmar

Kemmun

2 basal aħdar, imqatta '

1 Bżar aħmar, imqatta '

Kosbor, imqatta' friska

Tazza qlub tal-qamħirrum iffriżat

Żewġ bottijiet tal-fażola sewda

Melħ u bżar għat-togħma

Metodu

Għalli l-brodu tat-tiġieġ u mbagħad ħawwad il-kuskus, u sajjar billi tgħatti t-taġen u mbagħad ħallieh fil-ġenb. Issa ħallat iż-żejt taż-żebbuġa, il-meraq tal-ġir, il-ħall u l-kemmun, imbagħad żid il-basal, il-bżar, il-kosbor, il-qamħirrum, il-fażola u l-kisja. F'dan il-punt ħallat l-ingredjenti kollha u mbagħad qabel ma sservi ħalliha tiksaħ għal ftit sigħat.

Igawdu!!

Insalata Griega tat-Tiġieġ

ingredjenti

2 tazzi laħam tat-tiġieġ, imsajjar

1/2 tazza karrotti, imqatta'

1/2 tazza ħjar

Madwar tazza żebbuġ iswed, imqatta '

Madwar tazza ġobon feta, imqatta jew imfarrka

Dressing Taljan għall-insalata

Metodu

Ħu skutella kbira, ħu t-tiġieġ imsajjar, il-karrotti, il-ħjar, iż-żebbuġ u l-ġobon u ħawwad sew. Issa żid it-taħlita tal-insalata u erġa ħawwad sew. Issa friġġ l-iskutella, għattiha. Servi meta kiesaħ.

Igawdu!!

Insalata tat-Tiġieġ Fancy

ingredjenti

½ tazza mayonnaise

2 tbsp. Ħall tat-tuffieħ

1 tewm, ikkapuljat

1 kuċċarina. Xibt frisk, imqatta 'b'mod fin

Lira ta' sider tat-tiġieġ imsajjar bla għadam bla ġilda

½ tazza ġobon feta, imqatta'

1 bżar aħmar

Metodu

Il-mayonnaise, il-ħall, it-tewm u x-xibt għandhom jitħalltu sew u jinżammu fil-friġġ għal mill-inqas 6-7 sigħat jew matul il-lejl. Issa t-tiġieġ, il-bżar u l-ġobon għandhom jitħalltu miegħu u mbagħad ħallih jiksaħ għal ftit sigħat u mbagħad isservi r-riċetta tal-insalata delikata b'saħħitha.

Igawdu!!

Insalata tat-tiġieġ tal-curry tal-frott

ingredjenti

4-5 sider tat-tiġieġ, imsajjar

Zokk tal-karfus, imqatta

Basal aħdar

Madwar tazza żbib tad-deheb

Tuffieħ, imqaxxar u mqatta'

Pacani, mixwi

Għeneb aħdar, miżrugħ u mnaqqas bin-nofs

Trab tal-kari

Tazza mayonnaise b'xaħam baxx

Metodu

Ħu skutella kbira u ħu l-ingredjenti kollha, bħal karfus, basal, żbib, tuffieħ imqatta ', pacani mixwi, għeneb aħdar mingħajr żerriegħa bil-curry u mayonnaise u ħawwadhom sew. Meta jkunu mħallta sew flimkien, ħallihom jistrieħu għal ftit minuti u mbagħad servi l-insalata tat-tiġieġ delizzjuża u sana.

Igawdu!!

Insalata tat-tiġieġ tal-curry mill-isbaħ

ingredjenti

Madwar 4-5 sider tat-tiġieġ bla ġilda, bla għadam, imnaqqsa bin-nofs

Tazza mayonnaise

Madwar tazza chutney

Kuċċarina. tat-trab tal-curry

Madwar kuċċarina. tal-bżar

Pacans, madwar tazza, imqatta

Tazza waħda ta 'għeneb, miżrugħa u mnaqqsa bin-nofs

1/2 tazza basal, imqatta' fin

Metodu

Ħu taġen kbir, sajjar is-sider tat-tiġieġ għal madwar 10 minuti u meta jkunu msajra, qatgħuhom f'biċċiet bl-għajnuna ta' furketta. Imbagħad ixxottahom u ħallihom jiksħu. Issa ħu skutella oħra u żid il-mayonnaise, iċ-ċatney, it-trab tal-curry u l-bżar u mbagħad ħawwad flimkien. Imbagħad ħawwad is-sider tat-tiġieġ imsajjar u mqatta' fit-taħlita u mbagħad ħawwad il-pacans, it-trab tal-curry u l-bżar. Qabel ma sservi, poġġi l-insalata fil-friġġ għal ftit sigħat. Din l-insalata hija għażla kbira għal burgers u sandwiches.

Igawdu!

Insalata pikkanti tal-karrotti

ingredjenti

2 karrotti, imqattgħin

1 tewm, ikkapuljat

Madwar tazza ilma 2-3 tbsp. Meraq tal-lumi

Żejt taż-żebbuġa

Melħ, għat-togħma

Bżar, għat-togħma

biċċiet tal-bżar taċ-chili

Tursin, frisk u mqatta'

Metodu

Ħu l-karrotti fil-microwave u sajjarhom għal ftit minuti bit-tewm ikkapuljat u l-ilma. Neħħiha mill-microwave meta l-karrotta tkun imsajra u mrattab. Imbagħad ixxotta l-karrotti u warrabhom. Issa l-meraq tal-lumi, iż-żejt taż-żebbuġa, il-qxur tal-bżar, il-melħ u t-tursin għandhom jiżdiedu mal-iskutella tal-karrotti u jitħalltu sew. Ħallih jiksaħ għal ftit sigħat u mbagħad l-insalata pikkanti delizzjuża tkun lesta biex tiġi servuta.

Igawdu!!

insalata tat-tuffieħ Asjatiku

ingredjenti

2-3 tsp. Ħall tar-ross 2-3 tbsp. Meraq tal-ġir

Melħ, għat-togħma

zokkor

1 kuċċarina. Zalza tal-ħut

1 jicama julienne

1 tuffieħ, imqatta'

2 basal tar-rebbiegħa, imqatta 'b'mod fin

zekka

Metodu

Il-ħall tar-ross, il-melħ, iz-zokkor, il-meraq tal-ġir u z-zalza tal-ħut jitħalltu sew fi skutella ta' daqs medju. Meta jitħalltu sew, il-jicamas mqatta' juljen jitfgħu fl-iskutella mat-tuffieħ imqatta' u jitħalltu sew. Imbagħad il-chops tal-qasir u n-nagħniegħ huma miżjuda u mħallta. Qabel ma sservi l-insalata mas-sandwich jew burger tiegħek, ħalliha tiksaħ għal ftit.

Igawdu!!

Insalata tal-qara u xgħir

ingredjenti

1 żerriegħa

2 shalots, ikkapuljat

1 squash isfar

Żejt taż-żebbuġa

Botta tax-xgħir imsajjar

xibt

Tursin

½ tazza ġobon tal-mogħoż, maħkuk

Bżar u melħ, għat-togħma

Metodu

Il-qarabagħli, is-shallot imqatta' mal-qawwi isfar huma browned fiż-żejt taż-żebbuġa fuq nar medju. Għandhom ikunu msajra għal ftit minuti sakemm ikunu rattab. Issa ttrasferihom fi skutella u ferragħ ix-xgħir imsajjar, it-tursin, il-ġobon tal-mogħoż imqatta', ix-xibt, il-melħ u l-bżar u mbagħad erġa' ħawwad. Qabel ma sservi d-dixx, ħalli l-insalata tiksaħ għal ftit sigħat.

Igawdu!!

Insalata bil-krexxuni-frott

ingredjenti

1 Dulliegħa, maqtugħa f'kubi

2 ħawħ, maqtugħ f'kunjardi

1 mazz ta 'krexxuni

Żejt taż-żebbuġa

½ tazza meraq tal-lumi

Melħ, għat-togħma

Bżar, għat-togħma

Metodu

Il-kubi tad-dulliegħa u l-kunjardi tal-ħawħ jitħalltu flimkien mal-krexxuni fi skutella ta' daqs medju u mbagħad jitferrxu fuq iż-żejt taż-żebbuġa bil-meraq tal-ġir. Imbagħad ħawwadhom skont it-togħma u żid il-melħ u l-bżar jekk meħtieġ, skont it-togħma. Meta l-ingredjenti kollha jkunu mħallta u mħallta sew, żommha fil-ġenb jew tista' wkoll iżżommha fil-friġġ għal ftit sigħat u mbagħad l-insalata tal-frott fit-togħma iżda b'saħħitha tkun lesta biex tiġi servuta.

Igawdu!!

insalata Caesar

ingredjenti

3 sinniet tewm, ikkapuljat

3 inċova

½ tazza meraq tal-lumi

1 kuċċarina. Zalza Worcestershire

Żejt taż-żebbuġa

Isfar tal-bajd

1 Kap Romaine

½ tazza Parmesan, maħkuk

toast

Metodu

Ħallat il-qronfol tat-tewm ikkapuljat mal-inċova u l-meraq tal-lumi, żid iz-zalza Worcestershire, il-melħ, il-bżar u l-isfar tal-bajd u erġa ħallat sakemm tinkiseb taħlita omoġenja. Din it-tahlita ghandha ssir bl-ghajnuna ta' blender fuq veloċità bil-mod, issa iz-zejt taż-żebbuġa ghandu jiżdied biha bil-mod u bil-mod u mbaghad ir-rumana titfa' fiha. Imbagħad it-taħlita għandha titwarrab għal ftit. Servi l-insalata bi ftit Parmesan u croutons.

Igawdu!!

Insalata tat-Tiġieġ u Mango

ingredjenti

2 sider tat-tiġieġ, bla għadam, maqtugħin f'biċċiet

Mesclun ħodor

2 mangi, maqtugħin f'kubi

¼ tazza meraq tal-lumi

1 kuċċarina. Ġinġer maħkuk

2 tsp. Għasel

Żejt taż-żebbuġa

Metodu

Il-meraq tal-lumi u l-għasel għandhom jiġu bit-tarjola fi skutella u mbagħad żid il-ġinġer maħkuk u żid iż-żejt taż-żebbuġa wkoll. Wara li tħallat sew l-ingredjenti fl-iskutella, żommu fil-ġenb. Imbagħad it-tiġieġ għandu jkun grilled u mbagħad jitħalla jiksaħ, u wara li jkun jibred aqta 't-tiġieġ f'kubi li jiffavorixxu l-gidma. Imbagħad ħu t-tiġieġ fl-iskutella u ħallat sew mal-ħaxix u l-mango. Wara li tħallat sew l-ingredjenti kollha, żommha fil-ġenb biex tiksaħ imbagħad servi l-insalata delizzjuża u interessanti.

Igawdu!!

Insalata tal-larinġ bil-mozzarella

ingredjenti

2-3 larinġ, maqtugħin fi flieli

Ġobon Mozzarella

Weraq tal-ħabaq frisk, imqatta'

Żejt taż-żebbuġa

Melħ, għat-togħma

Bżar, għat-togħma

Metodu

Il-mozzarella u l-flieli tal-laringͬ jitħalltu flimkien, mal-weraq tal-ħabaq frisk imqatta'. Wara li tħallathom sew, idlek it-taħlita biż-żejt taż-żebbuġa u ħawwad skont it-togħma. Imbagħad, jekk meħtieġ, żid melħ u bżar, għat-togħma. Qabel ma sservi l-insalata, ħalliha tiksaħ għal ftit sigħat għax dan jagħti t-togħmiet xierqa lill-insalata.

Igawdu!!

Tliet insalata tal-fażola

ingredjenti

1/2 tazza ħall tas-sidru

Madwar tazza zokkor

Tazza żejt veġetali

Melħ, għat-togħma

½ tazza fażola ħadra

½ tazza fażola tax-xama'

½ tazza fażola pinto

2 basal aħmar, imqatta 'b'mod fin

Melħ u bżar għat-togħma

Weraq tat-tursin

Metodu

Il-ħall tat-tuffieħ biż-żejt veġetali, iz-zokkor u l-melħ jittieħdu f'kazzola u jinġiebu għat-togħlija, imbagħad il-fażola tiżdied mal-basal aħmar imqatta 'u immarinata għal mill-inqas siegħa. Wara siegħa, staġun bil-melħ, staġun bil-melħ u bżar, jekk meħtieġ, u mbagħad servi bit-tursin frisk.

Igawdu!!

Tofu u insalata miso

ingredjenti

1 kuċċarina. Ġinġer, imqatta' fin

3-4 tbsp. tal-miso

kaskata

1 tablespoon. tal-ħall tar-ross

1 kuċċarina. Zalza tas-sojja

1 kuċċarina. Pejst taċ-chili

1/2 tazza żejt tal-karawett

Spinaċi tat-trabi wieħed, imqatta'

½ tazza tofu, maqtugħ f'biċċiet

Metodu

Il-ġinġer ikkapuljat huwa purè bil-miso, ilma, ħall tar-ross, zalza tas-sojja u pejst taċ-chili. Imbagħad din it-taħlita trid titħallat ma 'nofs tazza żejt tal-karawett. Meta jkunu mħallta sew, żid it-tofu imqatta' u l-ispinaċi mqatta'. Kessaħ u servi.

Igawdu!!

Insalata tar-ravanell Ġappuniż

ingredjenti

1 Dulliegħa, maqtugħa fi flieli

1 ravanell, imqatta'

1 scalota

1 mazz Ħodor tat-trabi

Viewfinder

1 kuċċarina. Ħall tar-ross

1 kuċċarina. Zalza tas-sojja

1 kuċċarina. Ġinġer maħkuk

melħ

żejt tal-ġulġlien

Żejt veġetali

Metodu

Ħu d-dulliegħ, ir-ravanell bil-shallots u l-ħodor fi skutella u warrab. Issa ħu skutella oħra, żid il-mirin, ħall, melħ, ġinġer maħkuk, soy sauce biż-żejt tal-ġulġlien u żejt veġetali u mbagħad ħawwad sew. Meta l-ingredjenti fl-iskutella jkunu mħallta sew, ferrex din it-taħlita fuq l-iskutella tad-dulliegħa u r-ravanell. Allura l-insalata interessanti iżda fit-togħma ħafna hija lesta biex tiġi servuta.

Igawdu!!

Insalata tal-Lbiċ

ingredjenti

1 tazza mayonnaise

1 tazza xorrox tal-butir

1 kuċċarina. Zalza Worcestershire sħuna

1 kuċċarina. kosbor

3 basal tar-rebbiegħa

1 tablespoon. Qoxra tal-larinġ

1 tewm, ikkapuljat

1 Kap Romaine

1 Avokado, imqatta'

Jicama

½ tazza ġobon pikkanti, imqatta jew imfarrka

2 lariṅġ, maqtugħin f'kunjardi

Melħ, għat-togħma

Metodu

Il-mayonnaise u x-xorrox tal-butir huma mħallta maż-zalza Worcestershire sħuna, l-iscalots, il-qoxra tal-lariṅġ, il-kosbor, it-tewm ikkapuljat u l-melħ. Issa ħu skutella oħra u ħallat ir-romaine, l-avokado u l-jicamas mal-lariṅġ u l-ġobon maħkuk. F'dan il-punt, ferra l-puree tax-xorrox fuq l-iskutella tal-lariṅġ u warrab qabel isservi, sabiex tikseb it-togħma tajba tal-insalata.

Igawdu!!

Insalata Caprese bl-għaġin

ingredjenti

1 kaxxa Fusilli

1 tazza mozzarella, imqatta'

2 tadam, biż-żerriegħa u mqattgħin

Weraq tal-ħabaq frisk

¼ tazza arżnu, mixwi

1 tewm, ikkapuljat

Melħ u bżar għat-togħma

Metodu

Il-fusilli huma msajra skont l-istruzzjonijiet u mbagħad jinżammu fil-ġenb biex jiksħu. Wara li jibred, ħallat mal-mozzarella, it-tadam, il-pinnuts mixwi, it-tewm ikkapuljat u l-weraq tal-ħabaq u ħawwad skont it-togħma, żid melħ u bżar mat-togħma jekk ikun meħtieġ. Ħalli t-taħlita kollha tal-insalata fil-ġenb biex tiksaħ u mbagħad serviha mas-sandwiches jew burgers tiegħek jew kwalunkwe ikliet tiegħek.

Igawdu!!

Insalata tat-Trota Affumikata

ingredjenti

2 tbsp. Ħall tat-tuffieħ

Żejt taż-żebbuġa

2 shalots, ikkapuljat

1 kuċċarina. Horseradish

1 kuċċarina. mustarda ta' Dijon

1 kuċċarina. Għasel

Melħ u bżar għat-togħma

1 bott Trota affumikata, imqaxxar

2 tuffieħ, maqtugħa fi flieli

2 pitravi, imqatta'

Rokit

Metodu

Ħu skutella kbira u itfa' l-qxur tat-trota affumikata bit-tuffieħ maqtugħ fi strixxi julienne, il-pitravi u r-rocket u mbagħad warrbu l-iskutella. Issa ħu skutella oħra u ħallat il-ħall tat-tuffieħ, iż-żejt taż-żebbuġa, ir-ravanell, l-iscalots mqattgħin, l-għasel u l-mustarda ta' Dijon u mbagħad ħawwad it-taħlita skont it-togħma u mbagħad żid il-melħ u l-bżar jekk meħtieġ skont il-gosti tiegħek. Issa ħu din it-taħlita u ferragħha fuq l-iskutella tat-tuffieħ bil-ġuljena u ħawwad sew qabel isservi l-insalata.

Igawdu!!

Insalata tal-bajd bil-fażola

ingredjenti

1 tazza fażola ħadra, imbajda

2 ravanell, imqatta'

2 bajd

Żejt taż-żebbuġa

Melħ u bżar għat-togħma

Metodu

Il-bajd huwa l-ewwel mgħolli bil-chard u mbagħad imħallat mal-fażola ħadra mbajda, ir-ravanell imqatta. Ħallat sew, imbagħad drixx biż-żejt taż-żebbuġa u żid il-melħ u l-bżar, għat-togħma. Meta l-ingredjenti kollha jkunu mħallta sew, warrbuhom u ħallihom jiksħu. Meta t-taħlita tkun bersaħ, l-insalata tkun lesta biex tiġi servuta.

Igawdu!!

Insalata Ambrosian

ingredjenti

1 tazza ħalib tal-ġewż

2-3 flieli Qxur tal-larinġ

Ftit qtar ta' essenza tal-vanilla

1 tazza għeneb, imqatta'

2 mandolin, imqatta'

2 tuffieħ, maqtugħa fi flieli

1 coconut, maħkuk u mixwi

10-12 Ġewż, imfarrak

Metodu

Ħu skutella ta' daqs medju u ħallat il-ħalib tal-coconut, il-qoxra tal-laring mal-essenza tal-vanilla. Meta mħabbat sew, żid il-mandolin imqatta' bit-tuffieħ u l-għeneb imqatta'. Wara li tħallat sew l-ingredjenti kollha, poġġih fil-friġġ għal siegħa jew tnejn, qabel ma sservi l-insalata delizzjuża. Meta l-insalata tkun bersaħ, servi l-insalata ma 'sandwich jew hamburger.

Igawdu!!

Insalata tal-feles

ingredjenti

Tazza mayonnaise

Tazza ġobon blu

1/2 tazza xorrox tal-butir

a shallota

Qoxra tal-lumi

Zalza Worcestershire

Weraq tat-tursin frisk

Kunjardi ta' icebergs

1 bajda, mgħollija

1 tazza bejken imfarrak

Melħ u bżar għat-togħma

Metodu

Itfa' l-mayonnaise mal-ġobon blu, xorrox tal-butir, scalots, salsa, qoxra tal-lumi u tursin. Wara li tipprepara l-puree, ħawwadha skont it-togħma u żid il-melħ u l-bżar jekk meħtieġ, skont it-togħma. Issa ħu skutella oħra u armi l-biċċiet tal-iceberg fl-iskutella mal-mimosa tal-bajd, biex il-mimosa tal-bajd tgħorok il-bajd mgħolli minn ġol-colander. Issa ferra l-puree tal-mayonnaise fuq l-iskutella tal-kunjardi u l-mimosas u mbagħad ħawwad sew. L-insalata hija servuta billi tifrex bacon frisk fuqha.

Igawdu!!

Insalata tal-bżar Spanjol

ingredjenti

3 basal tar-rebbiegħa

4-5 Żebbuġ

2 pimenti

2 tbsp. ħall tax-sherry

1 kap paprika, affumikat

1 Kap Romaine

1 handful lewż

Sinna tewm

Flieli tal-ħobż

Metodu

L-iscalots huma grilled u mbagħad maqtugħin f'biċċiet. Issa ħu skutella oħra u poġġi ġol-bżar u ż-żebbuġ bil-lewż, il-paprika affumikat, il-ħall, il-ħass romaine u l-scalots grilled u mqattgħin. Ħallat sew l-ingredjenti fl-iskutella u warrabha. F'dan il-punt, il-flieli tal-ħobż jiġu grilled u meta jkunu grilled, il-qronfol tat-tewm jingħorok fuq il-flieli u mbagħad it-taħlita tal-bżar titferra' fuq il-ħobżiet grilled.

Igawdu!!

insalata tal-mimosa

ingredjenti

2 bajd, mgħollija

½ tazza butir

1 ras tal-ħass

Ħall

Żejt taż-żebbuġa

Ħxejjex aromatiċi, imqattgħin

Metodu

Ħu skutella ta' daqs medju u ħallat il-ħass, il-butir mal-ħall, iż-żejt taż-żebbuġa u l-ħxejjex aromatiċi mqattgħin. Wara li tħallat sew l-ingredjenti fl-iskutella, poġġi l-iskutella fil-ġenb għal ftit.

Sadanittant, ipprepara l-mimosa. Għall-preparazzjoni tal-mimosa trid l-ewwel tqaxxar il-bajd iebes u mbagħad ixxotta l-bajd iebes bl-għajnuna ta' għarbiel u allura l-bajda tal-mimosa tkun lesta. Issa din il-mimosa tal-bajd trid titferra 'fuq l-insalata, qabel ma sservi l-insalata Delicious tal-mimosa.

Igawdu!!

Insalata Klassika Waldorf

ingredjenti

1/2 tazza mayonnaise

2-3 tbsp. Krema qarsa

2 ċassa

2-3 tbsp. Tursin

1 qoxra tal-lumi u meraq

zokkor

2 tuffieħ, imqatta'

1 zokk tal-karfus, imqatta

Ġewż

Metodu

Ħu skutella u mbagħad il-mayonnaise, il-krema qarsa għandha tkun bit-tarjola bil-ħaxixa, qoxra u meraq tal-lumi, tursin, bżar u zokkor. Meta l-ingredjenti fl-iskutella jkunu mħallta sew, warrbuhom. Issa ħu skutella oħra u itfa' t-tuffieħ, il-karfus imqatta' u l-ġewż. Issa ħu t-taħlita tal-mayonnaise u itfagħha mat-tuffieħ u l-karfus. Ħallat l-ingredjenti kollha sew, ħalli l-iskutella tistrieħ għal ftit u mbagħad servi l-insalata.

Igawdu!!

Insalata tal-piżelli

ingredjenti

Meraq tal-ġir

1 tewm, ikkapuljat

1 kuċċarina. Kemmun, mitħun

melħ

kosbor

Żejt taż-żebbuġa

1 tazza piżelli bl-għajnejn suwed

1 Jalapeno, imqatta' jew maxx

2 tadam, imqatta'

2 basal aħmar, imqatta 'b'mod fin

2 avokado

Metodu

Il-meraq tal-ġir jiġi mħabbat mat-tewm, kemmun, kosbor, melħ u żejt taż-żebbuġa. Meta dawn l-ingredjenti kollha jitħalltu sew, itfa' din it-taħlita mal-jalapenos mgħaffġa, il-piżelli b'għajnejn suwed, l-avokado, u l-basal aħmar imqatta' fin. Meta l-ingredjenti kollha jkunu mħallta sew, ħalli l-insalata tistrieħ għal ftit minuti u mbagħad servi.

Igawdu!!

Insalata tat-Tiġieġ Bil-Peržut

ingredjenti

1, flieli ta '1-uqija ta' ħobż qarsa, maqtugħin f'kubi ta '1/2-il pulzier

Sprej tat-tisjir

1/4 tsp. ħabaq imnixxef

1 niskata trab tat-tewm

1 ½ tbsp. żejt taż-żebbuġa extra verġni, maqsum

1 uqija peržut imqatta' rqiq ħafna, ikkapuljat

1 tablespoon. meraq tal-lumi frisk

1/8 tsp. melħ

Pakketti ta '1.5 uqija baby arugula

3/4 uqija ġobon Asiago, imqaxxar u maqsum, madwar 1/3 tazza

3 uqija mqatta sider tat-tiġieġ rotisserie bla għadam bla ġilda

1/2 tazza tadam taċ-ċirasa, imqatta' bin-nofs

Metodu

Żomm il-forn imsaħħan minn qabel għal 425 grad F. Ħafif folja tal-ħami bi sprej tat-tisjir u poġġi l-kubi tal-ħobż fuqha f'saff wieħed. Roxx it-trab tat-tewm u żid il-ħabaq u ħawwad sew. Poġġi fil-forn imsaħħan minn qabel u sajjar għal 10 minuti jew sakemm il-ħobż ikun iqarmeċ. F'taġen kbir li ma jwaħħalx, żid tajra żejt u qalli l-peržut sakemm isir iqarmeċ. Neħħi mit-taġen u ixxotta. Ħallat iż-żejt li jifdal, il-meraq tal-lumi u l-melħ fi skutella. Fi skutella kbira poġġi r-rugula, nofs il-ġobon u l-meraq, ħawwad u ħawwad sew. Meta sservi, fuq l-insalata bit-tiġieġ, il-perżut iqarmeċ, it-tadam, il-ġobon li jifdal u l-croutons, ħawwad u servi.

Igawdu!

Insalata Delicious Rocket Bil-Gambli

ingredjenti

2 tazzi rokit ippakkjat b'mod laxk

1/2 tazza bżar qampiena aħmar, imqatta' f'ġuljene

1/4 tazza zunnarija, mqatta 'juljene

1 1/2 tbsp. żejt taż-żebbuġa extra verġni, maqsum

1 kuċċarina. klin frisk imqatta'

1/4 tsp. bżar imfarrak

1 sinna tewm, imqatta' rqiqa

8 gambli kbar, imqaxxra u mnaddfa

1 1/2 tbsp. ħall balsamiku abjad

Metodu

Fi skutella kbira, ħallat ir-rugula, il-bżar aħmar u l-karrotti. Fi skillet kbira żid madwar 1 Tbsp. taż-żejt u saħħnu fuq nar medju. Poġġi l-bżar, it-tewm u r-klin fit-taġen u sajjar sakemm it-tewm jirtab. Żid il-gambli u żid in-nar. Sajjar sakemm il-gambli jkunu msajra. Poġġi l-gambli fi skutella. Fit-taqlib żid iż-żejt u l-ħall li jifdal u saħħan sakemm jaħraq. Ferra' din it-taħlita fuq it-taħlita rokit u ħawwad sakemm il-kisi tal-ilbies jiksi l-ħaxix. Żejjen l-insalata bil-gambli u servi immedjatament.

Igawdu!

Insalata tal-gambli

ingredjenti

2 flieli tal-bacon maqtugħin fiċ-ċentru

1/2 libbra gambli kbar, imqaxxra u mnaddfa

1/4 tsp. paprika

1/8 tsp. bżar iswed

Sprej tat-tisjir

1/8 tsp. melħ, imwarrba

1 1/4 tbsp. meraq tal-lumi frisk

3/4 tbsp. żejt taż-żebbuġa extra verġni

1/4 tsp. mustarda ta' Dijon wholegrain

Insalata Romaine 1/2 Pack, 10 oz

1 kikkra tadam taċ-ċirasa, imqatta 'kwarti

1/2 tazza karrotti mqattgħin

1/2 tazza qamħirrum sħiħ iffriżat, imdewweb

1/2 avokado misjur imqaxxar, maqtugħ f'4 kunjardi

Metodu

Brown il-bacon ġo taġen sakemm iqarmeċ. Aqta tul. Imsaħ it-taġen u roxxha bi sprej tat-tisjir. Poġġi t-taġen lura fuq il-fuklar u saħħan fuq sħana medja. Ħawwru l-gambli bi ftit bżar u paprika. Żid il-gambli fit-taġen u sajjar sakemm ikun lest. Roxx bil-melħ u ħawwad sew. Fi skutella żgħira għaqqad il-meraq tal-lumi, iż-żejt, il-melħ u l-mustarda fi skutella. Ħallat il-ħass, il-gambli, it-tadam, il-karrotta, il-qamħirrum, l-avokado u l-bacon fi skutella u

itfa' mal-dressing. Ħallat sew u servi immedjatament.

Igawdu!

Insalata tal-bettieħ u l-perżut

ingredjenti

1 1/2 tazza, 1/2-il pulzier bettieħa honeydew imqatta '

1 1/2 tazza, bettieħa imqatta' 1/2 pulzier

1 tablespoon. nagħniegħ frisk imqatta' rqiq

1/2 tsp. meraq tal-lumi frisk

1/8 tsp. Bżar iswed mitħun frisk

1 uqija perżut imqatta 'rqiq, maqtugħ fi strixxi rqaq

1/4 tazza, 2 uqija Parmigiano-Reggiano frisk imqaxxar

Bżar iswed mitħun, mhux obbligatorju

Sprigs mint, mhux obbligatorju

Metodu

Għaqqad l-ingredjenti kollha flimkien fi skutella kbira u ħawwad sew sakemm miksija sew. Servi mżejjen bi ftit bżar u friegħi tal-mint. Servi immedjatament.

Igawdu!

Insalata tal-qamħ u l-fażola bajda

ingredjenti

1 ras ta 'skarola, imqatta' kwarti mit-tul u mlaħalħa

Sprej tat-tisjir

1 uqija bacon, imqatta

1/2 zucchini medju, imqatta' kwarti u mqatta' f'ġuljene

1/2 sinna tewm, ikkapuljat

1/2 tazza qlub tal-qamħirrum frisk

1/4 tazza tursin tal-weraq ċatt frisk imqatta'

1/2 bott ta '15-il uqija ta' fażola blu, mlaħalħa u mneħħija

1 tablespoon. ħall tal-inbid aħmar

1/2 tsp. żejt taż-żebbuġa extra verġni

1/4 tsp. bżar iswed

Metodu

Sajjar l-escarole fi skillet kbira fuq nar medju għal 3 minuti jew sakemm idbiel madwar it-truf. Imsaħ it-taġen u iksiha bi ftit sprej tat-tisjir. Saħħan fuq medju għoli u żid il-bejken, il-zucchini u t-tewm u satejh sakemm isiru teneri. Żid il-qamħ u sajjar għal minuta oħra. Għaqqad it-taħlita tal-qamħ u l-indivja fi skutella kbira. Żid it-tursin u l-ħall u ħawwad sew. Żid l-ingredjenti l-oħra u ħawwad sew. Iservu.

Igawdu!

Insalata tal-gambli stil Tajlandiż

ingredjenti

2 uqija linguine mhux imsajjar

6 uqija ta 'gambli medju mqaxxra u mneħħija

1/4 tazza meraq tal-ġir frisk

1/2 tbsp. zokkor

1/2 tbsp. Sriracha, hot chili sauce, bħal Huy Fong

1/2 tsp. zalza tal-ħut

2 tazzi ħass romaine mqatta

3/4 tazza basla ħamra, imfellel vertikalment

1/8 tazza karrotti, maqtugħin fi strixxi julienne

1/4 tazza weraq tal-mint frisk imqatta

1/8 tazza kosbor frisk imqatta

3 tbsp. anakardju inkaljat niexef imqatta ', bla melħ

Metodu

Ipprepara l-għaġin skont l-istruzzjonijiet fuq il-pakkett. Meta l-għaġin ikun kważi msajjar, żid il-gambli u sajjar għal 3 minuti.

Ixxotta u poġġi ġo colander. Mexxi ilma kiesaħ fuqha. Fi skutella għaqqad il-meraq tal-lumi, iz-zokkor, is-Sriracha u z-zalza tal-ħut.

Ħawwad sakemm iz-zokkor jinħall. Żid l-ingredjenti kollha ħlief anakardju. Mitfa sew. Top bl-anakardju u servi immedjatament.

Igawdu!

Insalata Delicious bi zalza tal-ananas pikkanti

ingredjenti

1/2 libbra sider tat-tiġieġ bla għadam u bla ġilda

1/2 tsp. trab taċ-chili

1/4 tsp. melħ

Sprej tat-tisjir

3/4 tazza, kubi ta '1 pulzier ananas frisk, madwar 8 uqija, maqsuma

1 tablespoon. kosbor frisk imqatta

1 tablespoon. meraq tal-larinġ frisk

2 tsp. ħall tat-tuffieħ

1/4 tsp. bżar habanero mqatta'

1/2 sinna kbira tewm

1/8 tazza żejt taż-żebbuġa extra verġni

1/2 tazza jicama, imqaxxar u mqaxxar bil-ġuljene

1/3 tazza bżar aħmar imqatta' rqiq

1/4 tazza basla ħamra mqatta' rqiqa

1/2 pakkett ta' 5 uqija spinaċi friski, madwar 4 tazzi

Metodu

Ħabbat it-tiġieġ għal ħxuna uniformi u roxx bil-melħ u trab taċ-chili. Roxx ftit cooking spray fuq it-tiġieġ u poġġih fuq grill imsaħħan minn qabel u sajjar sakemm it-tiġieġ ikun lest. Żomm fil-ġenb. Poġġi nofs l-ananas, meraq tal-larinġ, cilantro, habanero, tewm u ħall fi blender u ħallat sakemm tkun lixxa. Itfa' ż-żejt taż-żebbuġa bil-mod u kompli ħawwad sakemm jitħallat u jeħxien. Ħallat l-ingredjenti l-oħra fi skutella kbira. Żid it-tiġieġ u ħawwad sew. Ferra l-dressing u ħawwad sakemm l-

ingredjenti kollha jkunu miksija sew bit-dressing. Servi

immedjatament.

Igawdu!

Tiġieġ grilled u insalata rokit

ingredjenti

8.6 oz nofsijiet tas-sider tat-tiġieġ bla għadam u bla ġilda

1/2 tsp. melħ

1/2 tsp. bżar iswed

Sprej tat-tisjir

10 tazzi rokit

2 tazzi tadam taċ-ċirasa b'ħafna kuluri, imqatta' bin-nofs

1/2 tazza basla ħamra mqatta' rqiqa

1/2 tazza dressing għall-insalata taż-żejt taż-żebbuġa-ħall,

maqsum

20 żebbuġ kalamata bil-għadma, imqatta'

1 tazza ġobon tal-mogħoż imfarrak

Metodu

Ħawwru s-sider tat-tiġieġ bil-melħ u l-bżar. Roxx tagen tax-xiwi bi ftit sprej tat-tisjir u saħħan fuq nar medju-għoli. Poġġi t-tiġieġ fit-tagen u sajjar sakemm imsajjar. Żomm fil-ġenb. Fi skutella ħallat flimkien it-tadam, arugula, basla, żebbuġ u 6 tbsp. Ilbes.

Agħfas il-ħwawar li fadal fuq it-tiġieġ u aqta 'flieli. Ħallat it-tiġieġ u t-tadam, rokit u ħawwad sew. Servi immedjatament.

Igawdu!

Insalata tal-għaġin biz-zalza u ċ-ċavella

ingredjenti

2 tazzi għaġin tal-conchiglie mhux imsajjar

2 tazzi piżelli ffriżati

1/2 tazza mayonnaise tal-kanola organika

1/2 tazza xorrox tal-butir bla xaħam

2 tbsp. ċall frisk imqatta

2 tsp. sagħtar frisk imqatta'

1 kuċċarina. melħ

1 kuċċarina. Bżar iswed mitħun frisk

4 sinniet tewm, ikkapuljat

4 tazzi rokit ippakkjat b'mod laxk

2 tsp. żejt taż-żebbuġa

4 uqija peržut imqatta 'b'mod fin, madwar 1/2 tazza

Metodu

Ipprepara l-għaġin skont l-istruzzjonijiet tal-manifattur. Meta l-għaġin ikun kważi imsajjar, żid il-piżelli u sajjar għal 2 minuti. Ixxotta u xarrab f'ilma kiesaħ. Ixxotta mill-ġdid. Fi skutella għaqqad il-mayonnaise, ix-xorrox tal-butir, iċ-ċavella, is-sagħtar, il-melħ, il-bżar u t-tewm u ħawwad sew. Żid l-għaġin, il-piżelli u r-rocket u ħawwad sew. Qalli l-peržut fi skillet fuq nar medju-għoli sakemm iqarmeċ. Roxx fuq l-insalata u servi.

Igawdu!

Arctic char bil-vinaigrette tat-tadam

ingredjenti

8.6oz fletti tal-arctic char

1 1/2 tsp. melħ, imwarrba

1 kuċċarina. bżar iswed, maqsum

Sprej tat-tisjir

8 tsp. ħall balsamiku

4 tbsp. żejt taż-żebbuġa extra verġni

4 tsp. shalotta mqatta

2 pinti tadam taċ-ċirasa, imqatta' bin-nofs

10 tazzi rokit arugula maħlul

4 tbsp. ġewż tal-arżnu, mixwi

Metodu

Ħawwru l-fletti tal-arctic char bi ftit melħ u bżar. Sajjarhom ġo taġen għal madwar 4 minuti fuq iż-żewġ naħat. Neħħi l-fletti mit-taġen u għatti b'xugaman tal-karti. Naddaf it-taġen tal-meraq tagħha. Ferra l-ħall fi skutella żgħira. Itfa' ż-żejt bil-mod u ħawwad sakemm jitħaxxen. Żid is-shallots u ħawwad sew. Żid it-tadam, il-melħ u l-bżar fit-taġen u saħħan fuq nar għoli u sajjar sakemm it-tadam jirtab. Żid il-dressing u ħawwad sew. Eżatt qabel ma sservi, irranġa sodda rokit fuq il-platt, poġġi l-arctic char u ferra z-zalza tat-tadam fuq kull flett. Żejjen bi ftit ġewż u servi immedjatament.

Igawdu!

Insalata Delicious Granċi

ingredjenti

2 tbsp. qoxra tal-lumi maħkuka

10 tbsp. meraq tal-lumi frisk, maqsum

2 tbsp. żejt taż-żebbuġa extra verġni

2 tsp. għasel

1 kuċċarina. mustarda ta' Dijon

1/2 tsp. melħ

1/4 tsp. Bżar iswed mitħun frisk

2 tazzi qlub tal-qamħirrum frisk, madwar 2 widnejn

1/2 tazza weraq tal-ħabaq imqatta' rqiqa

1/2 tazza bżar aħmar imqatta'

4 tbsp. basla ħamra mqatta' fin

2 liri laħam tal-granċ, biċċiet tal-qoxra mneħħija

16 1/4-il pulzier flieli ħoxnin tat-tadam misjur taċ-ċanga

4 tazzi tadam taċ-ċirasa, imqatta' bin-nofs

Metodu

Fi skutella kbira ħallat il-qoxra, 6 tbsp. meraq tal-lumi, żejt taż-żebbuġa, għasel, mustarda, melħ u bżar. Neħħi madwar 3 tbsp. minn din it-taħlita u warrab. Żid is-6 tbsp li jifdal. meraq tal-lumi, qamħirrum, ħabaq, bżar qampiena aħmar, basla ħamra u laħam tal-granċ sal-bqija tal-meraq ħawwad u ħawwad sew. Żid iċ-cherry tomatoes u ċ-cherry tomatoes u ħawwad sew. Eżatt qabel ma sservi, ferra fuq il-meraq miżmuma u servi immedjatament.

Igawdu!

Insalata tat-Tiġieġ u tax-Xgħir

ingredjenti

1 tazza xgħir nej

1/2 tsp. qoxra tal-lumi maħkuka

6 tbsp. meraq tal-lumi frisk

2 tbsp. żejt taż-żebbuġa extra verġni

1 kuċċarina. melħ kosher

1 kuċċarina. tewm ikkapuljat

1/2 tsp. għasel

1/4 tsp. Bżar iswed mitħun frisk

2 tazzi sider tat-tiġieġ rotisserie bla għadam, bla ġilda, imqatta

1 tazza ħjar Ingliż imqatta'

1 tazza bżar aħmar

2/3 tazza basal aħdar imqatta' rqiq

2 tbsp. xibt frisk imqatta

1 tazza ġobon tal-mogħoż imfarrak

Metodu

Ipprepara x-xgħir skont l-istruzzjonijiet tal-manifattur. Ixxotta u xarrab fl-ilma kiesaħ, ixxotta mill-ġdid u poġġi fi skutella kbira.

Għaqqad il-qoxra tal-lumi, meraq tal-lumi, żejt, kosher, tewm, għasel u bżar fi skutella. Ħawwad flimkien sakemm magħquda.

Ferra din it-taħlita fuq l-għaġin ippreparat u ħawwad sew.

Ħawwad it-tiġieġ, il-ħjar, il-bżar aħmar, il-basal aħdar u x-xibt.

Mitfa sew. Imla bil-ġobon u servi immedjatament.

Igawdu!

Ħalibut u Insalata tal-ħawħ

ingredjenti

6 tbsp. żejt taż-żebbuġa extra verġni, maqsum

8 6 oz fletti tal-ħalibatt

1 kuċċarina. melħ kosher, maqsum

1 kuċċarina. bżar iswed mitħun frisk, maqsum

4 tbsp. nagħniegħ frisk imqatta

4 tbsp. meraq tal-lumi frisk

2 tsp. Ġulepp tal-aġġru

12-il tazza weraq tal-ispinaċi tat-trabi

4 ħawħ medju, imqatta' bin-nofs u mqatta'

1 ħjar Ingliż, imqatta' bin-nofs għat-tul u mqatta'

1/2 tazza lewż imqatta' mixwi

Metodu

Roxx il-fletti tal-ħalibatt bi ftit melħ u bżar. Poġġi l-ħut fuq skillet imsaħħan u sajjar fuq iż-żewġ naħat għal 6 minuti jew sakemm il-ħut jitfarfar kemmxejn meta jinqata' bil-furketta. Fi skutella kbira ħallat flimkien il-melħ, il-bżar, iż-żejt, il-meraq tal-lumi, il-mint u l-ġulepp tal-aġġru u ħabbat sakemm jitħalltu. Żid l-ispinaċi, il-ħawħ u l-ħjar u ħawwad sew. Meta tkun lesta biex isservi, servi l-flett fuq sodda ħass u żejjen bi ftit lewż.

Igawdu!

Insalata tal-pitravi u tal-ġobon

ingredjenti

2 tazzi weraq tal-mint frisk imqatta

2/3 tazza basla ħamra mqatta' rqiq vertikalment

Kale 2, 6 oz

1/2 tazza jogurt Grieg b'2% b'xaħam baxx

4 tbsp. xorrox tal-butir bla xaħam

4 tsp. Ħall tal-inbid abjad

3 tsp. żejt taż-żebbuġa extra verġni

1/2 tsp. melħ kosher

1/2 tsp. Bżar iswed mitħun frisk

8 bajd kbir iebes mgħolli, imqatta' kwarti mit-tul

Pakkett ta '2.8 uqija ta' pitravi mqaxxra u steamed, imqaxxar

1 tazza ġewż imqatta' oħxon

4 uqija ġobon blu, imfarrak

Metodu

Fi skutella kbira ħallat il-basla, il-kale, il-bajd, il-pitravi u n-nagħnieġħ. Fi skutella oħra ħallat il-jogurt Grieg, ix-xorrox tal-butir, il-ħall, iż-żejt, il-melħ u l-bżar. Ħallat sakemm l-ingredjenti kollha jkunu inkorporati sew. Eżatt qabel ma sservi, ferra l-dressing fuq l-insalata u servi mżejjen bil-ġewż u l-ġobon.

insalata ħadra Taljana

ingredjenti

4 tazzi ħass romaine - imqatta, maħsula u mnixxfa

2 tazzi scarole mqatta

2 tazzi ravanell imqatta

2 tazzi ħass aħmar imqatta

1/2 tazza basal aħdar imqatta

1 bżar qampiena aħmar, imqatta 'f'ċrieki

1 bżar aħdar, imqatta 'f'ċrieki

24 tadam taċ-ċirasa

1/2 tazza żejt taż-żerriegħa tal-għeneb

1/4 tazza ħabaq frisk imqatta

1/2 tazza ħall balsamiku

1/4 tazza meraq tal-lumi

Melħ u bżar għat-togħma

Metodu

Għall-insalata: Ħallat il-ħass romaine, l-eskarola, il-ħass aħmar, ir-radicchio, l-iscalots, it-tadam taċ-ċirasa, il-bżar aħdar u l-bżar aħmar fi skutella.

Għall-ilbies: fi skutella żgħira, għaqqad il-ħabaq, il-ħall balsamiku, iż-żejt taż-żerriegħa tal-għeneb, il-meraq tal-lumi u ħawwad sew. Staġun bil-melħ u l-bżar.

Eżatt qabel ma sservi, ferra l-dressing fuq l-insalata u ħawwad sew għall-dressing. Servi immedjatament.

Igawdu!

Insalata tal-brokkoli bil-cranberries

ingredjenti

1/4 tazza ħall balsamiku

2 tsp. mustarda ta' Dijon

2 tsp. Ġulepp tal-aġġru

2 sinniet tewm, ikkapuljat

1 kuċċarina. qoxra tal-lumi maħkuka

Melħ u bżar għat-togħma

1 tazza żejt tal-kolza

Pakketti ta' taħlita ta' 2, 16 oz brokkoli coleslaw

1 tazza cranberries imnixxef

1/2 tazza basal aħdar imqatta

1/2 tazza pacani mqattgħin

Metodu

Ferra l-ħall fi skutella ta' daqs medju. Żid il-mustarda ta' Dijon, it-tewm, il-qoxra tal-lumi u l-ġulepp tal-aġġru. Ħabbat sew u gradwalment ferra' ż-żejt u ħawwad sakemm jitħallat. Żid il-ħass tal-brokkoli, il-basal aħdar, il-cranberries imnixxef, u l-basla fi skutella kbira. Ferra l-dressing fuq l-insalata u ħawwad sew. Poġġi fil-friġġ u ħallih jiksaħ għal nofs siegħa. Żejjen bil-pacans u servi immedjatament.

Igawdu!

Insalata Marconi Delicious

ingredjenti

2 tazzi imqarrun tal-minkeb mhux imsajjar

1/2 tazza mayonnaise

2 tbsp. Ħall abjad distillat

1/3 tazza zokkor abjad

1 tablespoon. u 3/4 tsp. mustarda isfar ippreparata

3/4 tsp. melħ

1/4 tsp. Bżar iswed mitħun

1/2 basla kbira, imqatta

1 zokk tal-karfus, imqatta

1/2 bżar aħdar, biż-żerriegħa u mqatta'

2 tbsp. zunnarija maħkuka, mhux obbligatorja

1 tablespoon. bżar imqatta 'allspice, mhux obbligatorju

Metodu

Ipprepara l-imqarrun skont l-istruzzjonijiet tal-manifattur.

Ixxotta, għaddas fl-ilma kiesaħ u erġa ixxotta. Għaqqad il-mayonnaise, iz-zokkor, il-mustarda, il-ħall, il-bżar u l-melħ fi skutella kbira. Żid il-bżar aħdar, il-karfus, il-pimenti, il-karrotta u l-imqarrun u ħawwad sew. Kessaħ matul il-lejl qabel ma sservi.

Igawdu!

Insalata tal-Patata u Bacon

ingredjenti

1 kilo patata ħamra ġdida mnaddfa u maħsula

3 bajd

1/2 lb bacon

1/2 basla, imqatta 'b'mod fin

1/2 zokk karfus, imqatta fin

1 tazza mayonnaise

Melħ u bżar għat-togħma

Metodu

Sajjar il-patata f'ilma jagħli sakemm tkun offerta. Ixxotta u kessaħ fil-friġġ. Għalli bajd iebes mgħolli f'ilma jagħli, dip fl-ilma kiesaħ, qoxra u CHOP. Brown il-bacon ġo taġen. Ixxotta u farrak f'biċċiet iżgħar. Aqta 'l-patata kiesħa f'biċċiet daqs gidma.

Għaqqad l-ingredjenti kollha fi skutella kbira. Servi kiesaħ.

Igawdu!

Insalata tal-ħass u Roquefort

ingredjenti

2 irjus ta 'ħass, maqtugħin f'biċċiet daqs gidma

6 lanġas - imqaxxra, bil-qalba u mqattgħin

10 uqija ġobon Roquefort, imfarrak

2 avokado - imqaxxra, bil-għadma u mqattgħin dadi

1 tazza basal aħdar imqatta' rqiq

1/2 tazza zokkor abjad

1 tazza pacans

2/3 tazza żejt taż-żebbuġa

1/4 tazza u 2 tbsp. ħall tal-inbid aħmar

1 tablespoon. zokkor abjad

1 tablespoon. mustarda ppreparata

2 sinniet tewm, ikkapuljat

1 kuċċarina. melħ

Bżar iswed mitħun frisk għat-togħma

Metodu

Żid 1/2 tazza zokkor mal-pacans ma skillet. Sajjar fuq nar medju sakemm iż-zokkor jinħall u l-pacans jikkaramellalizzaw. Itfa' t-taħlita bil-mod fuq karta tal-ħami u kessaħ. Aqta' f'biċċiet u żommu fil-ġenb. Ferra żejt taż-żebbuġa, ħall tal-inbid aħmar, 1 tbsp. zokkor, mustarda, tewm, bżar u melħ fi food processor u ipproċessa sakemm l-ingredjenti kollha jiġu inkorporati. Fi skutella kbira insalata, żid l-ingredjenti kollha avvanzati u ferra l-dressing. Ħallat sew biex tiksi. Top bil-pacans karamelizzat u servi.

Igawdu!

Insalata tat-tonn

ingredjenti

2 bottijiet ta' 7 uqija tonn along, imsaffi u mqaxxra

3/4 tazza mayonnaise jew dressing għall-insalata

2 tbsp. Ġobon Parmesan

1/4 tazza u 2 tbsp. pickle relish ħelu

1/4 tsp. qxur tal-basal imqatta' mnixxef

1/2 tsp. Trab tal-kari

2 tbsp. tursin imnixxef

2 tsp. xibt imnixxef

2 niskatas trab tat-tewm

Metodu

Żid l-alonga, il-mayonnaise, il-Parmesan, il-ħwawar tal-pickle ħelu u l-pickle tal-basal fi skutella ta' daqs medju. Ħallat sew.

Roxx it-trab tal-curry, it-tursin, ix-xibt u t-trab tat-tewm u ħawwad sew. Servi immedjatament.

Igawdu!

Insalata tal-għaġin

ingredjenti

2 liri għaġin tal-qoxra

1/2 libbra salami Genovese, imqatta

1/2 libbra pepperoni zalzett, imqatta

1 lb Ġobon Asiago, imqatta'

2.6 oz bottijiet ta 'żebbuġ iswed, imsoffi u mqatta'

2 bżar aħmar, imqatta'

2 bżar aħdar, imqatta '

6 tadam, imqatta

Pakketti ta' taħlita ta' dressing għall-insalata ta' stil Taljan ta' 2.7 oz

1-1/2 tazza żejt taż-żebbuġa extra verġni

1/2 tazza ħall balsamiku

1/4 tazza oregano imnixxef

2 tbsp. tursin imnixxef

2 tbsp. ġobon Parmesan maħkuk

Melħ u bżar iswed mitħun għat-togħma

Metodu

Sajjar l-għaġin skont l-istruzzjonijiet tal-manifattur. Ixxotta u xarrab f'ilma kiesaħ. Ixxotta mill-ġdid. Żid l-għaġin, il-pepperoni, is-salami, iż-żebbuġ iswed, il-ġobon Asiago, it-tadam, il-bżar aħmar u l-bżar aħdar fi skutella kbira. Ħallat sew. Roxx it-taħlita tal-ħwawar u ħawwad sew. Għatti bil-film u ħallih jiksaħ.

Għall-dressing: Ferra ż-żejt taż-żebbuġa, l-oregano, il-ħall balsamiku, il-Parmesan, it-tursin, il-bżar u l-melħ ġo skutella.

Ħawwad sew sakemm titħallat. Eżatt qabel ma sservi, ferra l-dressing fuq l-insalata u ħawwad. Servi immedjatament.

Igawdu!

Insalata tat-Tiġieġ bl-Għaġin tal-Ġulġlien

ingredjenti

1/2 tazza żerriegħa tal-ġulġlien

Pakketti ta '2, għaġin bow tie ta' 16 oz

1 tazza żejt veġetali

2/3 tazza zalza tas-sojja ħafifa ħafifa

2/3 tazza ħall tar-ross

2 tsp. żejt tal-ġulġlien

1/4 tazza u 2 tbsp. zokkor abjad

1 kuċċarina. ġinġer mitħun

1/2 tsp. Bżar iswed mitħun

6 tazzi sider tat-tiġieġ imqatta u msajjar

2/3 tazza kosbor frisk imqatta

2/3 tazza basla ħadra mqatta

Metodu

Ixwi ħafif iż-żerriegħa tal-ġulġlien fi skillet fuq nar medju-għoli sakemm l-aroma timla l-kċina. Żomm fil-ġenb. Sajjar l-għaġin skont l-istruzzjonijiet tal-manifattur. Ixxotta, għaddas f'ilma kiesaħ, ixxotta u poġġi fi skutella. Ħallat iż-żejt veġetali, ħall tar-ross, zalza tas-sojja, zokkor, żejt tal-ġulġlien, ġinġer, bżar u żerriegħa tal-ġulġlien sakemm l-ingredjenti kollha jiġu inkorporati. Ferra l-dressing ippreparat fuq l-għaġin u ħawwad sew sakemm il-dressing jiksi l-għaġin. Żid il-basal aħdar, il-cilantro u t-tiġieġ u ħawwad sew. Servi immedjatament.

Igawdu!

Insalata tradizzjonali tal-patata

ingredjenti

10 patata

6 bajd

2 tazzi tal-karfus imqatta

1 tazza basla mqatta

1 tazza pickles ħelu

1/2 tsp. melħ tat-tewm imħawwar

1/2 tsp. melħ tal-karfus

2 tbsp. mustarda ppreparata

Bżar iswed mitħun għat-togħma

1/2 tazza mayonnaise

Metodu

Sajjar il-patata f'borma ta' ilma mielaħ jagħli sakemm tkun offerta, iżda mhux moffa. Ixxotta l-ilma u qaxxar il-patata. Aqta 'f'biċċiet daqs gidma. Għalli bajd iebes u qoxra u aqtagħhom. Għaqqad bil-mod l-ingredjenti kollha fi skutella kbira. Tibqax wisq jew tispiċċa tkisser il-patata u l-bajd. Servi kiesaħ.

Igawdu!

Quinoa tabbouleh

ingredjenti

4 tazzi ilma

2 tazzi quinoa

2 niskatas melħ

1/2 tazza żejt taż-żebbuġa

1 kuċċarina. melħ tal-baħar

1/2 tazza meraq tal-lumi

6 tadam, imqatta'

2 ħjar, imqatta'

4 għenieqed ta 'basal aħdar, imqatta'

4 karrotti, maħkuk

2 tazzi tursin frisk, imqatta

Metodu

Għalli ftit ilma ġo kazzola. Żid niskata melħ u l-quinoa. Għatti l-kazzola b'għatu u ħalli l-likwidu jtektek għal madwar 15-20 minuta. Ladarba msajjar, neħħi minn fuq in-nar u ħawwad bil-furketta biex tiksaħ aktar malajr. Waqt li l-quinoa tiksaħ, poġġi l-bqija tal-ingredjenti fi skutella kbira. Żid il-quinoa mkessħa u ħawwad sew. Servi immedjatament.

Igawdu!

Insalata Morena

ingredjenti

2 tazzi jogurt

2 tazzi krema friska

1 tazza imqarrun imsajjar

2-3 chiles, ikkapuljat

3 tbsp. kosbor imqatta'

3 tsp. zokkor

Melħ għat-togħma

Metodu

Għaqqad l-ingredjenti kollha fi skutella kbira u fil-friġġ matul il-lejl. Servi kiesaħ.

Igawdu!

Insalata tal-frawli u feta

ingredjenti

1/2 tazza lewż imqaxxar

1 sinna tewm, ikkapuljat

1/2 tsp. għasel

1/2 tsp. mustarda ta' Dijon

2 tbsp. ħall tal-lampun

1 tablespoon. ħall balsamiku

1 tablespoon. zokkor kannella

1/2 tazza żejt veġetali

1/2 ħass romaine tar-ras, imqatta'

1 tazza frawli friski, imqatta'

1/2 tazza ġobon feta imfarrak

Metodu

Ixwi l-lewż fi skillet fuq nar medju. Żomm fil-ġenb. Għaqqad l-għasel, tewm, mustarda, żewġ ħall, żejt veġetali u zokkor ismar fi skutella. Ħallat l-ingredjenti kollha mal-lewż mixwi fi skutella kbira għall-insalata. Ferra' l-dressing eżatt qabel ma sservi, itfa' sew biex iksi, u servi immedjatament.

Igawdu!

Insalata tal-Ħjar

ingredjenti

2 ħjar kbar, maqtugħin f'biċċiet ta' ½ pulzier

1 tazza ta 'jogurt xaħam sħiħ

2 tsp. xibt, imqatta 'b'mod fin

Melħ għat-togħma

Metodu

Ħabbat il-jogurt sakemm ikun lixx. Żid il-ħjar, ix-xibt u l-melħ u ħawwad sew. Ħallih jiksaħ matul il-lejl u servi bi ftit xibt.

Igawdu!

Insalata ikkulurita

ingredjenti

2 tazzi qlub tal-qamħirrum, mgħollija

1 bżar aħdar, imqatta'

1 bżar qampiena aħmar, imqatta' f'dadi

1 bżar isfar, imqatta'

2 tadam, biż-żerriegħa, imqatta'

2 patata, mgħollija, imqatta' dadi

1 tazza meraq tal-lumi

2 tsp. trab tal-mango niexef

Melħ għat-togħma

2 tbsp. cilantro, imqatta', għal garnish

Metodu

Għaqqad l-ingredjenti kollha ħlief il-cilantro fi skutella kbira.

Staġun għat-togħma. Kessaħ matul il-lejl. Top bil-kosbor eżatt qabel ma sservi.

Igawdu!

Insalata taċ-Ċiċri

ingredjenti

1.15-uqija bott ċiċri, imsaffi

1 ħjar, imqatta' bin-nofs għat-tul u mqatta'

6 tadam taċ-ċirasa, imqatta' bin-nofs

1/4 basla ħamra, imqatta

1 sinna tewm, ikkapuljat

1/2, bott ta' 15-il uqija taż-żebbuġ iswed, imsaffi u mqatta'

1/2 uqija ġobon feta imfarrak

1/4 tazza dressing Taljan għall-insalata

1/4 lumi, mbuttat

1/4 tsp. melħ tat-tewm imħawwar

1/4 tsp. Bżar iswed mitħun

1 tablespoon. krema għal garnish

Metodu

Ħallat l-ingredjenti kollha fi skutella kbira u fil-friġġ għal mill-inqas 3 sigħat qabel ma sservi.

Għaqqad il-fażola, ħjar, tadam, basla ħamra, tewm, żebbuġ, ġobon, dressing għall-insalata, meraq tal-lumi, tewm, melħ u bżar. Ħallat flimkien u fil-friġġ sagħtejn qabel ma sservi. Servi kiesaħ. Servi mżejjen bil-krema.

Igawdu!

Avokado pikkanti u insalata tal-ħjar

ingredjenti

4 ħjar medju, imqatta'

4 avokado, kubi

1/2 tazza kosbor frisk imqatta

2 sinniet tewm, ikkapuljat

1/4 tazza basal aħdar imqatta ', mhux obbligatorju

1/2 tsp. melħ

bżar iswed għat-togħma

1/2 lumi kbira

2 lam

Metodu

Għaqqad l-ingredjenti kollha ħlief il-meraq tal-ġir fi skutella kbira. Friġġ għal mill-inqas siegħa. Idlek il-meraq tal-ġir fuq l-insalata eżatt qabel ma sservi u servi immedjatament.

Igawdu!

Insalata tal-ħabaq, feta u tadam

ingredjenti

12 roma, tadam taċ-ċirasa, imqatta'

2 ħjar żgħar - imqaxxra, imqaxxar bit-tul u mqattgħin

6 basal aħdar, imqatta '

1/2 tazza weraq frisk tal-ħabaq, maqtugħ fi strixxi rqaq

1/4 tazza u 2 tbsp. żejt taż-żebbuġa

1/4 tazza ħall balsamiku

1/4 tazza u 2 tbsp. ġobon feta imfarrak

melħ u bżar iswed mitħun frisk għat-togħma

Metodu

Għaqqad l-ingredjenti kollha flimkien fi skutella kbira għall-insalata. Aġġusta l-ħwawar skond it-togħma u servi immedjatament.

Igawdu!

Insalata tal-ispinaċi u tal-għaġin

ingredjenti

1/2 pakkett ta' 12-il uqija ta' għaġin farfalle

5 uqija spinaċi tat-trabi, mlaħalħa u maqtugħa f'biċċiet daqs gidma

1 uqija feta mfarrka bil-ħabaq u t-tadam

1/2 basla ħamra, imqatta

1/2, bott ta' 15-il uqija taż-żebbuġ iswed, imsaffi u mqatta'

1/2 tazza dressing Taljan għall-insalata

2 sinniet tewm, ikkapuljat

1/2 lumi, mbuttat

1/4 tsp. melħ tat-tewm imħawwar

1/4 tsp. Bżar iswed mitħun

Metodu

Ipprepara l-għaġin skont l-istruzzjonijiet tal-manifattur. Ixxotta u xarrab f'ilma kiesaħ. Erġa' ixxotta u poġġi fi skutella kbira. Żid l-ispinaċi, il-ġobon, iż-żebbuġ u l-basal aħmar. Fi skutella oħra għaqqad l-insalata, meraq tal-lumi, tewm, bżar u melħ tat-tewm. Ħabbat sakemm magħquda. Ferra l-insalata u servi immedjatament.

Igawdu!

Ħabaq u Tadam Imnixxef Xgħir

ingredjenti

1 tazza għaġin orzo nej

1/4 tazza weraq tal-ħabaq frisk imqatta

2 tbsp. u 2 tsp. tadam imnixxef imqatta fiż-żejt

1 tablespoon. żejt taż-żebbuġa

1/4 tazza u 2 tbsp. ġobon Parmesan maħkuk

1/4 tsp. melħ

1/4 tsp. Bżar iswed mitħun

Metodu

Ipprepara l-għaġin skont l-istruzzjonijiet tal-manifattur. Ixxotta u xarrab f'ilma kiesaħ. Erġa' ixxotta u żommu fil-ġenb. Poġġi t-tadam imnixxef fix-xemx u l-ħabaq fi food processor u ħallat sakemm tkun lixxa. Għaqqad l-ingredjenti kollha fi skutella kbira u ħawwad sew. Staġun għat-togħma. Din l-insalata tista' tiġi servuta f'temperatura ambjentali jew kiesħa.

Igawdu!

Insalata krema tat-tiġieġ

ingredjenti

2 tazzi mayonnaise

2 tbsp. zokkor, jew aktar skond il-ħlewwa tal-mayonnaise tiegħek

2 tsp. Bżar

Sider tat-tiġieġ 1, bla għadam u bla ġilda

1 niskata trab tat-tewm

1 niskata trab tal-basal

1 tablespoon. kosbor imqatta'

Melħ, għat-togħma

Metodu

Aqli s-sider tat-tiġieġ sakemm ikun imsajjar. Kessaħ u aqta' f'biċċiet daqs gidma. Għaqqad l-ingredjenti kollha fi skutella kbira u ħawwad sew. Staġun għat-togħma u servi kiesaħ.

Igawdu!

Gram Aħdar iġjeniċi

ingredjenti

2 tazzi ta 'gramma ħadra

1 tazza jogurt oħxon

1 kuċċarina. trab taċ-chili

2 tbsp. zokkor

Melħ, għat-togħma

Metodu

Għalli borma ilma u żid niskata melħ u l-gramma ħadra. Sajjar sakemm kważi lest u ixxotta. Laħlaħ taħt ilma kiesaħ u warrab.

Ħabbat il-jogurt sakemm ikun lixx. Żid it-trab tal-bżar, iz-zokkor u l-melħ u ħawwad sew. Poġġi l-jogurt fil-friġġ għal ftit sigħat.

Eżatt qabel isservi, ħu l-gramma ħadra ġo dixx tas-servizz u servi bil-jogurt ippreparat fuq nett. Servi immedjatament.

Igawdu!

Insalata tal-avokado u tar-rugula miksija bil-feta

ingredjenti

1 avokado misjur, maħsul

Ftit weraq rokit

1 grejpfrut roża, żrieragħ imneħħija

3 tbsp. ħall balsamiku

4 tbsp. żejt taż-żebbuġa

1 kuċċarina. mustarda

½ tazza feta, imfarrka

Metodu

Neħħi l-parti mlaħħma tal-avokado u poġġiha fi skutella. Żid il-ħall balsamiku u ż-żejt taż-żebbuġa u ħallat sakemm tkun lixxa.

Żid il-bqija tal-ingredjenti ħlief il-feta u ħawwad sew. Servi mżejjen bil-ġobon feta imfarrak.

Igawdu!

Insalata taċ-ċiċri ħadra mnibbta

ingredjenti

1 tazza gramma ħadra sprouts

1/4 tazza ħjar imqatta' u żrieragħ

1/4 tazza mqatta, tadam miżrugħ

2 tbsp. u 2 tsp. basal aħdar imqatta'

1 tablespoon. kosbor frisk imqatta

1/4 tazza ravanell imqatta' rqiq, mhux obbligatorju

1-1/2 tsp. żejt taż-żebbuġa

1 tablespoon. meraq tal-lumi

1-1/2 tsp. Ħall tal-inbid abjad

3/4 tsp. oregano imnixxef

1/4 tsp. trab tat-tewm

3/4 tsp. Trab tal-kari

1/4 tsp. trab tal-mustarda

1/2 niskata melħ u bżar għat-togħma

Metodu

Għaqqad l-ingredjenti kollha fi skutella kbira u ħawwad sakemm l-ingredjenti kollha jkunu miksija biż-żejt. Ħallih jiksaħ fil-friġġ għal ftit sigħat qabel ma sservi.

Igawdu!

Insalata taċ-Ċiċri

ingredjenti

2-1/4 libbra ċiċri, imsaffi

1/4 tazza basla ħamra, ikkapuljata

4 sinniet tewm, ikkapuljat

2 tadam, imqatta

1 tazza tursin imqatta'

1/4 tazza u 2 tbsp. żejt taż-żebbuġa

2 tbsp. meraq tal-lumi

Melħ u bżar għat-togħma

Metodu

Għaqqad l-ingredjenti kollha fi skutella kbira u ħawwad sew.

Friġġ matul il-lejl. Servi kiesaħ.

Igawdu!

Insalata tal-bejken u l-piżelli bir-ranch dressing

ingredjenti

8 flieli bacon

8 tazzi ilma

2 pakketti ta' 16-il uqija ta' piżelli ffriżati

2/3 tazza basal imqatta

1 tazza ta 'ranch dressing

1 tazza ġobon Cheddar maħkuk

Metodu

Brown il-bacon fi skillet kbira fuq nar għoli. Ixxotta x-xaħam u farrak il-bacon u warrab. F'borma kbira, għalli ftit ilma u żid il-piżelli. Sajjar il-piżelli għal minuta waħda biss u ixxottahom. Għaddashom f'ilma kiesaħ u erġa' ixxottahom. Fi skutella kbira għaqqad il-bacon imfarrak, piżelli mgħollija, basla, ġobon Cheddar u Ranch dressing. Ħallat sew u aħżen fil-friġġ. Servi kiesaħ.

Igawdu!

Insalata tal-ispraġ tqarmeċ

ingredjenti

1-1/2 tsp. ħall tar-ross

1/2 tsp. ħall tal-inbid aħmar

1/2 tsp. zalza tas-sojja

1/2 tsp. zokkor abjad

1/2 tsp. mustarda ta' Dijon

1 tablespoon. Żejt tal-karawett

1-1/2 tsp. żejt tal-ġulġlien

3/4 lb asparagu frisk, imqaxxar u maqtugħ f'biċċiet ta' 2 pulzieri

1-1/2 tsp. Żerriegħa tal-ġulġlien

Metodu

Fi skutella żgħira, żid il-ħall tar-ross, il-ħall tal-inbid tar-ross, iz-zokkor, is-soy sauce u l-mustarda. Itfa' ż-żjut bil-mod, kompli ħallat, sabiex emulsifika l-likwidi. Imla borma bl-ilma u żid ftit melħ. Ħallih jagħli. Poġġi l-ispraġ fl-ilma u sajjar għal 5 minuti jew sakemm ikun sarr iżda mhux moħbi. Ixxotta u xarrab f'ilma kiesaħ. Erġa' ixxotta u poġġi fi skutella kbira. Ferra l-dressing ippreparat fuq l-ispraġ u ħawwad sakemm il-dressing jiksi l-ispraġ. Żejjen bi ftit żerriegħa tal-ġulġlien u servi immedjatament.

Igawdu!

www.ingramcontent.com/pod-product-compliance
Lightning Source LLC
Chambersburg PA
CBHW071234080526
44587CB00013BA/1608